파브르 곤충기 6
파브르와 손녀 루시의 큰배추흰나비 여행

지연리 그림

한국과 프랑스에서 서양화와 조형 미술을 공부했습니다. 〈2022여름 우리나라 좋은 동시〉〈작은 것들을 위한 시〉〈내가 혼자 있을 때〉 등 다수의 도서에 삽화를 그렸고, 〈북극 허풍담〉 시리즈, 〈북극에서 온 남자, 울릭〉〈오늘도 살아내겠습니다〉〈두 갈래 길〉〈뿔비크의 사랑 이야기〉〈숲은 몇 살이에요〉 등의 도서를 우리말로 옮겼습니다. 쓰고 그린 책으로 〈파란 심장〉〈자기가 누구인지 모르는 코끼리 이야기〉가 있습니다.

김춘옥 엮음

1997년 아동문예에서 동화 「도시로 간 호박」으로 신인상을 수상했고, 1999년 한국일보 신춘문예에서 동화 「박물관 가는 길」이 당선되었습니다. 지은 책으로는 〈내일로 흐르는 강〉〈둥글둥글 지구촌 신화 이야기〉〈서천꽃밭 한락궁이〉 등이 있습니다.

Souvenirs Entomologiques
파브르 곤충기 6
파브르와 손녀 루시의 큰배추흰나비 여행

Jean Henri Fabre 원작

1판 1쇄 발행 2023년 7월 31일 | 1판 2쇄 발행 2025년 5월 2일

엮은이 김춘옥 | 그린이 지연리
펴낸이 정중모 | 펴낸곳 열림원어린이 | 등록 1988년 1월 21일(제406-2000-000202호)
주간 서경진 | 편집 정혜연, 김보라 | 디자인 권순영 | 마케팅 홍보 고다희
디지털콘텐츠 구지영 | 제작 윤준수 | 회계 김선애
주소 경기도 파주시 회동길 152
전화 031-955-0670 | 팩스 031-955-0661 | 홈페이지 www.yolimwon.com
전자우편 bbchild@yolimwon.com
ISBN 978-89-6155-113-7 77400, 978-89-6155-985-0(세트)

어린이제품안전특별법에 의한 제품 표시
제조자명 열림원어린이 | 제조년월 2025년 4월 | 제조국 대한민국 | 사용연령 7세 이상

파브르 곤충기 6

파브르와 손녀 루시의 큰배추흰나비 여행

열림원어린이

아름다움은

자연의 법칙이다.

읽기 전에

 큰배추흰나비가 한 번에 낳는 알은 무려 200개나 됩니다. 그러나 20여 마리밖에 나비가 되지 못합니다. 이후에도 무사히 살아남는 것은 서너 마리 정도일 뿐입니다. 왜 그럴까요?
 곤충들의 세계에는 서로 먹고 먹히는 천적 관계가 있습니다. 큰배추흰나비를 잡아먹는 천적은 알벌, 배추나비고치벌, 배추벌레살이금좀벌 등입니다. 만약, 벌들이 없었다면 어떻게 될까요?
 큰배추흰나비가 너무 많아지겠지요. 그렇게 되면 양배추는

금세 바닥이 나고 스스로 죽어 갈 수밖에 없을 겁니다. 나비로서는 이미 먹힐 것을 알고 알을 많이 낳는다고 할 수 있지요. 자연은 한 종류의 생물이 너무 많아지는 것을 싫어합니다. 사람도 너무 많아져서 이 지구를 전부 양배추나 밀밭으로 만들어 버린다면, 생각지도 않은 새로운 천적이 나타나겠지요.

 지금부터 다 함께, 큰배추흰나비의 알이 나비가 될 때까지 어떻게 살아가는지 알아보고 궁금한 것들을 확인해 보면 어떨까요?

차례

큰배추흰나비는 번데기를 어떻게 만들까?

배추벌레는 왜 양배추를 먹을까? 14

배추나비고치벌을 조심하라고? 62

애벌레에서 번데기로, 그다음은? 100

나비 중에서 파브르가 연구 대상으로 선택한 것은 큰배추흰나비였습니다.

 이 나비는 우리나라에는 없으나 유럽과 히말라야 지방에 걸쳐 살고 있는 배추흰나비의 일종이지요. 큰배추흰나비는 양배추를 아주 좋아한답니다.

 그런데 사람들이 양배추를 재배하기 이전에는 배추벌레들이 무엇을 먹고 자랐을까요? 사람들

이 문명을 이루기 전부터 나비는 이 세상에 있었으니 말입니다.

 자, 아주 오래전에는 나비가 무엇을 먹었는지 함께 알아보러 갈까요? 이제부터 여러분이 떠나게 될 이야기 나라에는 파브르 할아버지 그리고 손녀 루시가 함께 여행한 큰배추흰나비 세상이 펼쳐집니다.

배추벌레는 왜 양배추를 먹을까?

하얀날개의 엄마인 큰배추흰나비는 천천히 날아올랐습니다.

날개를 펴자 노란빛이 도는 흰 날개가 햇빛에 아름답게 빛났습니다.

짙은 검은 무늬는 앞날개 끝에서부터 아래쪽으로 수놓여 있었습니다.

크고 맛있는 양배추
애벌레들이 좋아한다네
크고 도톰한 양배추
애벌레들을 자라게 한다네
크고 잎 많은 양배추
튼튼한 애벌레로 만들어 준다네

4월의 들판은 파릇파릇합니다.

큰배추흰나비는 노래를 부르며 비행을 계속했습니다.

탱자나무, 귤나무, 산초나무가 보입니다.

"호랑나비와 남방제비나비의 애벌레가 좋아하

겠군."

 큰배추흰나비는 나무들을 지나쳐 갔습니다.

 이번엔 양상추가 보이지만 큰배추흰나비는 머리를 절레절레 흔들었습니다.

 "우리 아기에게 양상추를 먹일 순 없어. 누에콩이나 완두콩의 잎도 안 되지."

큰배추흰나비는 양상추 위를 거침없이 지나쳐 갔습니다.

큰배추흰나비의 애벌레들은 십자화 식물 외에는 먹지 않기 때문입니다.

"나의 아기들아, 엄마 이야기 좀 들어 보렴. 먼 옛날 우리 조상들은 해안에서 자라던 야생 양배추의 조상을 먹고 살았단다. 야생 양배추는 줄기가 껑충하게 길었지. 잎도 단단하고 좁은 데다가 맛도 쓰고 강한 식물이었대. 우리 나비 조상들은 먹을 게 충분치 않았단다. 그래서 같은 종류의 야생 식물도 먹게 되었지. 네 장의 꽃잎이 십자가 모양으로 피어서 십자화라고 부르는 식물이란다. 사람들은 유채과 식물이라고도 부르지. 유채과 식물은 사람들도 좋아했어. 그래서 야생 양배추의 모양을 믿기 어려울 만큼 바꿔 놓았단다. 단단하고 맛없어 보이는 양배추를 크고 두껍고 잎이 많이 달린 양배추로 말이야. 갓이나 무, 냉이 등도 바로 십자화 식물이란다. 자, 기억해라. 너희들이 먹을 것은 양배추류의 식물이란다."

큰배추흰나비는 자신의 알들에게 부드러운 목소리로 이야기를 해 주었습니다.
 그리고 알들에게 가장 좋은 먹이를 주기 위해 이리저리 두리번거렸습니다.
 "아, 콕 쏘는 냄새! 양배추가 틀림없어."
 큰배추흰나비는 너무 기분이 좋아 한달음에 냄새나는 쪽으로 날아갔

습니다.

그곳에는 양배추밭이 널따랗게 펼쳐져 있었습니다.

"아, 드디어 찾았군."

큰배추흰나비는 양배추 주위를 날며 더듬이로 톡톡 건드려 보았습니다.

눈으로 보고 더듬이로 만지는 것만으로도 간단하게 애벌레의 먹이임을 알아냈습니다.

"자, 바로 여기가 너희들이 자랄 곳이란다."

큰배추흰나비는 양배추를 향해 빠르게 아래로
날아갔습니다.
그곳은 알을 낳기에 더없이 좋은 장소였습니다.
"이게 좋겠어."

큰배추흰나비는 크고 튼실한 양배추를 찾았습니다.

아직 애벌레들이 손을 대지 않아 깨끗한 양배추였습니다.

큰배추흰나비는 양배추 뒷면에 알을 낳기 시작했습니다.

꽁무니를 움직여 오른쪽, 왼쪽, 오른쪽, 왼쪽으로 조금씩 비켜 가면서 낳았습니다.

큰배추흰나비는 나지막하고 굳은 목소리로 알 들에게 일러 주었습니다.

그리고 사람들에 대한 여러 가지 이야기도 해 주었습니다.

조심조심 자라라
알벌과는 멀리 떨어져야 해

무럭무럭 자라라
배추나비고치벌을 가까이하면 안 돼

어서어서 자라라

배추벌레살이금좀벌과는 아는 척도 마

튼튼하게 자라라

큰배추흰나비가 될 때까지

마침내 알을 다 낳자, 큰배추흰나비는 지쳐서 쓰러졌습니다.

무려 200개나 되는 알을 낳은 뒤였습니다.

바로 그때였습니다.

어디선가 알벌들이 날아오기 시작했습니다.

알벌들은 몸길이가 0.4밀리미터 정도로 작은 놈입니다.

"헤헤헤, 귀여운 큰배추흰나비 알들아. 여기 있었구나."

알벌들이 신이 나는 듯 다가왔습니다.

알벌들은 이내 나비의 알과 알 사이에 자신의 알을 낳았습니다.

큰배추흰나비의 알들은 아무것도 모른 채 깨어 날 채비를 서두르고 있었습니다.

일주일이 지나갔습니다.

큰배추흰나비의 알들이 깨어납니다.

덩어리로 이루어진 모든 알들이 한꺼번에 깨어나기 시작합니다.

한 마리의 애벌레가 모습을 드러내면 다른 애벌레도 연달아 나옵니다. 이때의 애벌레를 1령이라고 합니다.

애벌레들은 알 위쪽에 크게 구멍을 뚫고 나왔습니다. 구멍을 낼 때 출구 주위에 금이 생기는 일은 없었습니다.

"얘들아, 안녕? 난 하얀날개라고 해."

그때 하얀날개도 태어났습니다.

다른 애벌레들처럼 스스로 알을 깨고 나왔지요.

하얀날개는 자기가 들어 있었던 아름다운 껍질을 신기롭게 바라보았습니다.

플라스틱같이 아주 얇은 막으로 된 캡슐 형태였

습니다.

　반투명하고 조금 딱딱한 듯한 껍질의 모양을 하고 있습니다.

　처음과 조금도 다르지 않았습니다.

"알집이 이렇게 예쁜 줄 몰랐어."

　알 껍질에는 꼭대기에서 바닥까지 약 20개 정도의 줄이 세로로 나 있었습니다.

　마치 마법사가 쓰는 가늘고 긴 모자처럼 보였지요.

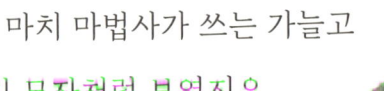

그러나 어떤 알들에서는 아무리 시간이 지나도 애벌레가 깨어나지 않았습니다.

"애들아, 왜 그래?"

"뭐 하는 거야, 깨어나지 않고?"

하얀날개와 애벌레들이 외쳤지만 많은 애벌레들은 끝내 나오지 않았습니다.

바로 알벌들에게 공격을 당한 알들이었습니다.

알벌들의 새끼들이 나비 알을 먹고 자랐기 때문이지요.

그때 하얀날개는 어렴풋이 엄마의 목소리를 들었습니다.

자신이 엄마의 몸에서 나와 알이 될 때의 일입니다.

부드럽고 인자한 목소리였습니다.

엄마가 알들에게 속삭이던 그 목소리
가 생각났습니다.

조심조심 자라라

알벌과는 멀리 떨어져야 해

  하얀날개는 그때 엄마의 이야기를 마음속 깊이 새겼습니다.

  무사히 자라서 엄마처럼 예쁜 알들을 낳겠다고 다짐했습니다.

  "자, 기운을 내자."

  "그래, 어서 껍질을 먹어야지."

한동안 알 껍질 위에서 움직이지 않던 애벌레들이 알 껍질을 먹기 시작합니다.
　부드러운 과자를 갉아 먹듯 알 껍질을 꼭대기부터 아래쪽으로 갉아 먹어 갑니다.
　하룻밤이 지났습니다.
　어느새 하얀날개와 애벌레인 배추벌레들은 알 껍질을 다 먹어 버렸습니다.
　바닥 부분만이 둥글게 모자이크처럼 남아 있었습니다.

　알 껍질을 모두 먹어버린 배추벌레는 연한 오렌지빛이 도는 누런색입니다.

　흰 털이 듬성듬성 곤두서 있었습니다.

　발은 가슴에 세 쌍 그리고 배에 네 쌍, 엉덩이에 한 쌍으로 모두 여덟 쌍입니다.
전체는 16개이지요.

　배추벌레는 커다란 머리가 검게 빛나고, 몸 크기에 비해 힘이 센 벌레랍니다.
특히 머리 부분이 크고 턱이

단단하기 때문에 많이 먹을 수 있습니다.

"어서, 양배추를 먹자."

"맞아, 배고파 죽을 것 같다."

양배추의 잎은 밀랍을 바른 것처럼 매끈매끈한 데다가 심하게 기울어져 있었지요.

갓 태어난 배추벌레들이 미끄러져 떨어지면 그것으로 끝장입니다.

"어서 비단실을 뽑아서 발판을 만들어야지."

"그래, 그래야 떨어지지 않을 거야."

배추벌레들이 알

껍질을 먹은 것은 바로 이런 이유입니다.
 발판을 만들기 위해서 양배추를 먹기 전에 알 껍질을 먹은 것입니다.

"발판을 만들었어."

"나도."

먹은 것으로 몸속에서 비단실을 만드는 일은 배추벌레에겐 쉬운 작업입니다.

작은 배추벌레인 하얀날개는 아직 2밀리미터 정도밖에 되지 않습니다.

하지만 양배추의 잎에 조금만 닿아도 곧 머리를 흔들며 발판을 만들 줄 압니다.

드디어 하얀날개는 잎을 먹기 시작합니다.

사각사각 양배추를 먹습니다.

여기저기서 다른 배추벌레들도 사각사각 잎사귀를 먹느라 바쁩니다.

하루, 이틀, 삼일이 지났습니다.

하얀날개는 어느새 몸길이가 많이 컸습니다.

2밀리미터였던 몸이 4밀리미터나 되었습니다.

겉모습도 바뀌었습니다.

노란 피부에 검은 점이 많이 생겼습니다.

"이제, 허물을 벗어야겠어."

"나도 그래. 몸이 더 늘어날 수가 없겠어."

배추벌레의 겉껍질은 단단하기 때문에 더 크게 자라려면 껍질을 벗어야 합니다. 이 벗은 껍질이 바로 '허물'입니다.

하얀날개와 배추벌레들은 겉껍질을 벗어 버리고 밖으로 나왔습니다.

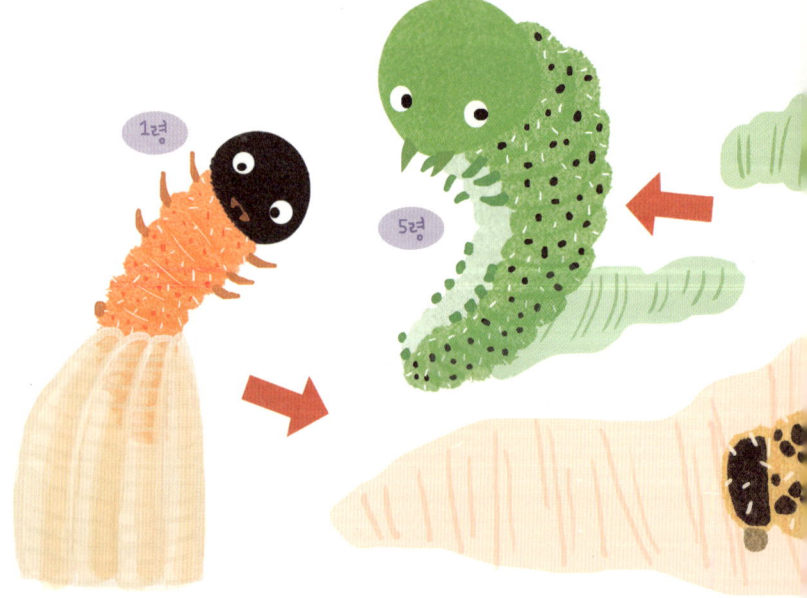

이제 2령 애벌레가 된 것입니다.

배추벌레는 모두 네 번 허물을 벗습니다.

한 번씩 허물을 벗을 때마다 1령씩 더하여 부른답니다.

금세 껍질을 벗은 하얀날개는 하루, 이틀 쉴 필요가 있습니다. 연한 피부가 단단해질 때까지 말이에요.

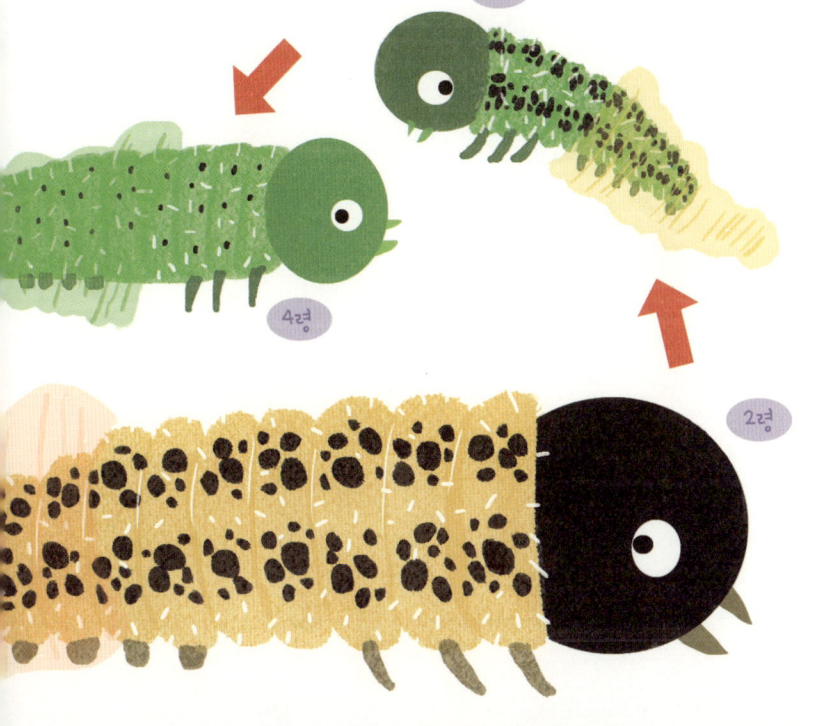

"피부가 제법 단단해졌는걸."

어느새, 피부가 단단해진 하얀날개는 전보다 더한 기세로 양배추를 먹기 시작합니다.

와작와작 양배추를 먹습니다.

여기저기서 다른 배추벌레들도 와작와작 양배추를 먹느라 바쁩니다.

금세 양배추에 구멍이 숭숭 나기 시작합니다.

어쩌면 그렇게도 잘 먹을까요?

애벌레는 밤이나 낮이나 쉬지 않는 위를 갖고 있나 봅니다.

하얀날개는 양배추가 좋습니다.

그러나 배추벌레만 양배추를 좋아하는 것이 아니지요.
엄마의 이야기에 의하면 사람들도 양배추를 무척 좋아한다고 했습니다.
양배추는 고대 그리스·로마 시대부터 사람들이 밭에서 재배했다고 해요.
물론 우리 큰배추흰나비가 그걸 모를 리 없었지요.
우리 나비들의 먹이가 밭에 죽 늘어서 있었으니까요.
"우아, 맛있겠다."

우리 나비 조상들은 신나서 소리쳤을 거예요.

그런데 농민들은 우리 나비들을 큰 골칫거리로 여겼대요. 나비들을 몰아내려고 갖은 방법을 다 동원했다고 해요.

양배추밭에 말뚝을 박고 그 위에 백마의 머리뼈를 올려놓기까지 했대요.

특히 암말의 뼈가 우리 나비를 쫓는 데 효과적이라 생각했다나 봐요.

또 파브르 씨가 살고 있는 이 프로방스 지방에도 비슷한 관습이 있었대요.

 양배추밭에 말뚝을 박고 말의 뼈 대신 달걀 껍데기를 그 위에 씌워 놓았지요. 달걀 껍데기가 하얗게 빛나면 우리 큰배추흰나비들이 알을 낳으러 올 거라고 생각했대요. 그러면 알에서 깨어난 우리 나비들은 내리쬐는 햇볕 속에서 알 껍질을 먹을 수가 없어서 죽는다나요?

정말 웃기는 이야기죠.

우리 큰배추흰나비 엄마들이 바보인가요?

맛있는 양배추를 놔두고 왜 달걀 껍데기에 알을 낳겠어요?

또 요즘에는 사람들이 우리 배추벌레를 잡기 위해 농약을 뿌리기도 한대요.

다행히 이곳은 농약을 뿌리지 않지만요.

농약을 뿌리면 배추벌레는 죽어 버리지만, 양배추 속으로 스며들어 사람들 몸속에 들어갈 텐데 말이에요.

그러면 사람들에게도 좋지 않겠지요.

하얀날개는 엄마가 해 준 이야기는 무엇이든 잊지 않으려고 애를 썼습니다.

엄마처럼 알을 낳게 되면 아기들에게 이야기를 들려주어야 하니까요.

하얀날개는 얼른 자라고 싶었습니다.

빨리빨리 먹고 몸을 키우는 일 외에는 아무것도 신경 쓰지 않으려고 했습니다.

그래서 다른 배추벌레들처럼 양배추를 열심히 먹었습니다.

"게걸스럽게 먹자."

"그래, 그게 배추벌레다운 거야. 자꾸자꾸 몸을 키우자."

이 시기의 배추벌레는 몸 전체가 모두 소화기관이지요.

배추벌레들은 몇 마리씩 모여서 양배추를 먹다가 가끔씩 부르르 몸을 텁니다.

배추나비고치벌을 조심하라고?

"히히히, 귀여운 배추벌레들아. 통통하게 살이 올랐구나."

몸집이 작은 벌들이 자기보다 큰 배추벌레 사이를 날아다니고 있었습니다.

그래도 알벌보다는 훨씬

큰 놈이었습니다.
몸길이가 3밀리미터
가량 되었습니다.
"배추나비고치벌이다!"
하얀날개가 깜짝 놀라 외쳤습니다.

무럭무럭 자라라
배추나비고치벌을
가까이하면 안 돼

하얀날개는 엄마의 목소리를 똑똑히 기억할 수 있었습니다. 그러나 하얀날개 말고는 어느 배추벌레도 신경 쓰지 않았습니다.

오직 먹는 데만 정신이 팔려 있었습니다.

무리 전체가 머리를 올렸다 내렸다 하면서 먹는 데 열중이었어요.

마치 훈련받는 군인처럼 말이에요.

"아, 아주 큰 놈이군."

배추나비고치벌 한 마리가, 하얀날개보다 훨씬 큰 5령 배추벌레의 등에 앉았습니다.

배추벌레는 몸 위쪽을 벌떡 세워 흔들어 버리듯 아래로 내리쳤습니다.

"아이코, 깜짝이야. 알았어, 알았다구."

배추나비고치벌은 다시 날아올라 작은 배추벌레에게 날아갔습니다.

"그래, 우리 아기들이 충분히 자라려면 작은 놈이 제격이지. 큰 놈에게 알을 낳으면 우리 아기들이 자랄 시간이 모자라거든."

배추나비고치벌은 몸을 돌려 2령이 된 배추벌레에게 날아가서 그 등에 앉았습니다.

긴 더듬이로 배추벌레를 톡톡 두드렸습니다.

그러고는 순간 침을 찔러 배추벌레에게 알을 낳았습니다. 그래도 배추벌레는 아무렇지도 않은 듯 계속해서 양배추를 먹고 있습니다.

"배추나비고치벌을 가까이하면 안 돼. 엄마 말씀을 잊었어?"

하얀날개가 아무리 외쳐도 소용없습니다.

작은 배추벌레들은 먹는 데만 정신이 팔려 있습니다.

여기저기서 날아온 배추나비고치벌들이 계속해

서 작은 배추벌레들에게 침을 찔러 댔습니다.

와작와작.

여전히 배추벌레들은 모른 척 양배추를 먹고 있습니다.

하얀날개는 배추나비고치벌에게 당하지 않기 위해 계속 몸을 움직였습니다.

"앗!"

그때였습니다.

배추나비고치벌이 하얀날개를 향해 빠르게 날아왔습니다.

순간 하얀날개는 몸의 앞부분을 길게 늘여 나아갔습니다.

다음 뒷부분을 앞으로 당기듯이 오므려 나아갔습니다.

"재빠른 녀석."

배추나비고치벌이 화가 난 듯 투덜거렸습니다.

"배추벌레는 얼마든지 있어. 괜히 피곤하게 머리 쓸 것 없지."

배추나비고치벌은 옆으로 몸을 틀었습니다.

그리고 옆에 있는 배추벌레를 향해 아래로 빠르게 날아갔습니다.

'어서 피해!'

하얀날개가 소리치기 전에, 벌써 배추나비고치벌은 작은 배추벌레의 등에 침을 찔렀습니다.

그러고는 유유히 날아갔습니다.

하얀날개는 얼른 친구 곁으로 기어갔습니다.

"괜찮아?"

"뭐가?"

"지금 배추나비고치벌에게 찔렸잖아."

"난 아무렇지도 않은데. 신경 쓰지 말라구."
"난, 하얀날개라고 해."
"난, 꿈틀이."
꿈틀이는 귀찮은 듯 겨우 대답을 했습니다.
와작와작.
잠시도 먹는 일을 멈추고 싶지 않은 모양입니다.
꿈틀이는 아무렇지도 않은 듯 양배추를 갉아 먹습니다.

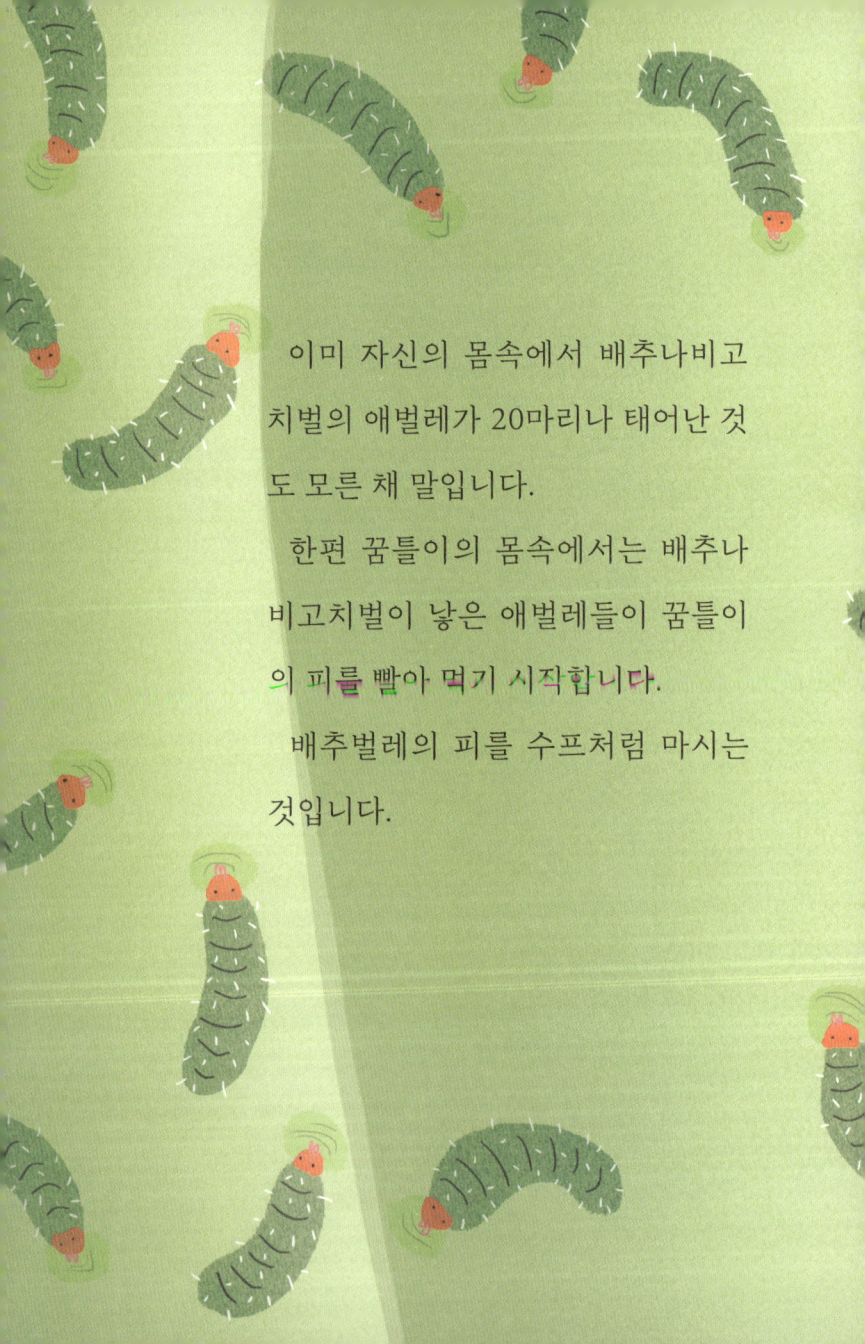

 이미 자신의 몸속에서 배추나비고치벌의 애벌레가 20마리나 태어난 것도 모른 채 말입니다.
 한편 꿈틀이의 몸속에서는 배추나비고치벌이 낳은 애벌레들이 꿈틀이의 피를 빨아 먹기 시작합니다.
 배추벌레의 피를 수프처럼 마시는 것입니다.

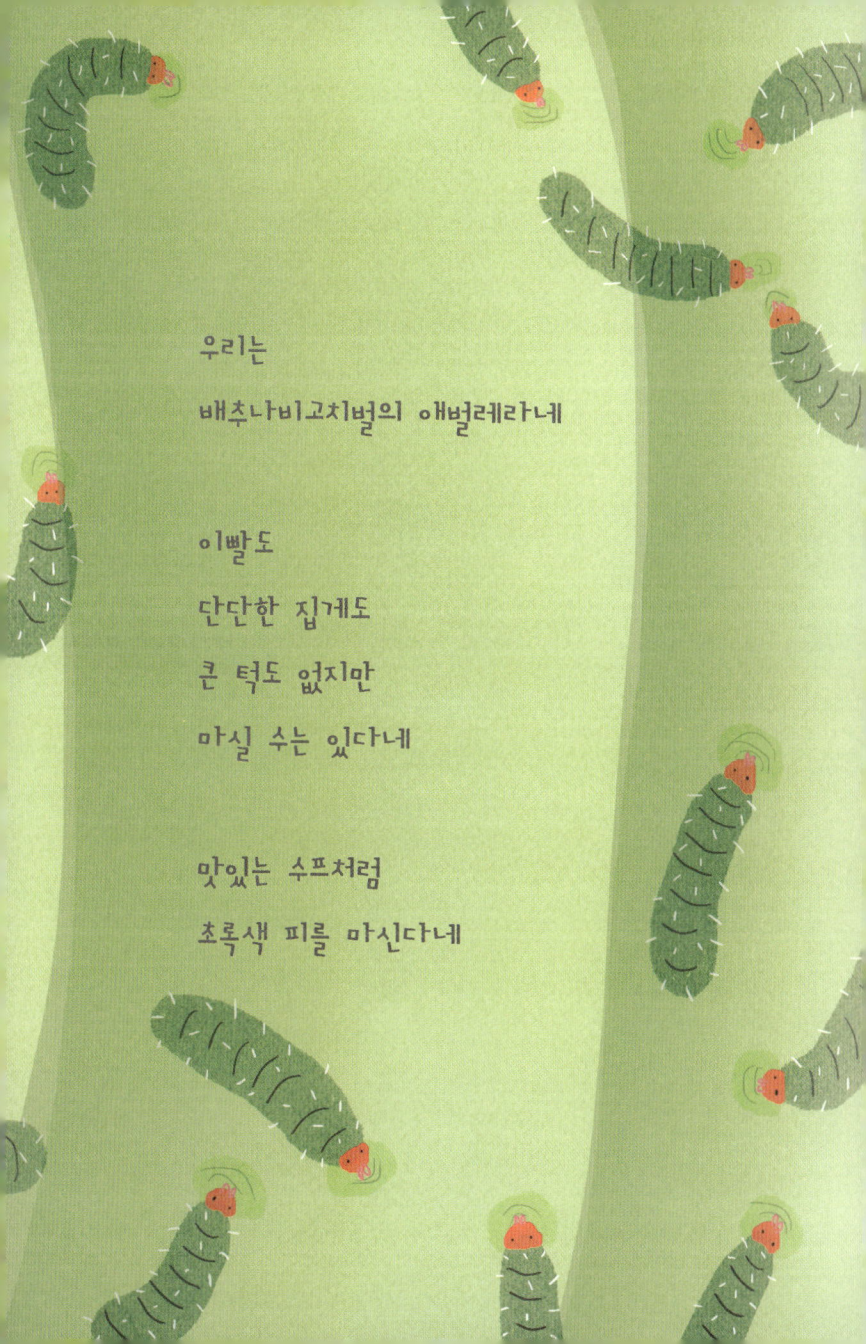

우리는
배추나비고치벌의 애벌레라네

이빨도
단단한 집게도
큰 턱도 없지만
마실 수는 있다네

맛있는 수프처럼
초록색 피를 마신다네

배추나비고치벌의 애벌레는 지방 알갱이나 근육, 그리고 주요 기관은 먹지 않습니다.

물어뜯는 일 없이 구멍 모양의 작은 입으로 피만 쭉쭉 빨아 먹습니다.

따라서 배추벌레의 내장에는 아무런 상처도 내지 않지요.

배추벌레가 죽어 버리면 배추나비고치벌의 애벌레도 죽어 버리니까요.

배추나비고치벌의 애벌레는 희고 연약합니다.

몸 앞쪽이 뾰족하고, 꽁무니를 조금 움직일 수는 있지만 앞으로 나가지는 못합니다.

5월이 되었습니다.

하얀날개는 우적우적 양배추를 먹습니다.

여기저기서 다른 배추벌레들도 우적우적 잎사귀를 먹느라 바쁩니다.

그동안 하얀날개는 허물벗기를 세 번이나 더 했습니다.

5령이 된 것이지요.

그러던 어느 날입니다.

왠지 하얀날개는 더 이상 아무것도 먹고 싶지 않았습니다. 몸도 맑아진 느낌이고 약간 줄어든 것 같기도 합니다.

그런데 꿈틀이는 몹시 아픈 모양입니다.

제대로 움직이지도 못합니다.

"꿈틀아, 왜 그래?"

"몰라, 왜 이렇게 피곤한지 모르겠어."

꿈틀이는 움직이는 것조차 힘들어합니다.

"좀 쉬어."

"안 돼. 번데기가 되려면 실을 뽑아야지."

꿈틀이는 마지막 힘을 다해 머리를 간신히 흔들면서 실을 뽑습니다.

"꿈틀아, 힘들지?"

"괜찮아, 내가 할 일인데 뭐."

꿈틀이는 실로 깔개를 준비합니다.

번데기가 되기 위해 마지막 발판을 준비하는 것입니다.

하얀날개는 더 이상 꿈틀이를 바라보고 있을 수가 없습니다.

어느덧, 해가 지기 시작하는 저녁 무렵입니다.

꿈틀이의 몸속에서는 배추나비고치벌의 애벌레들이 바쁘게 움직였습니다.

"모두 힘을 합해 입으로 빨자."

"구멍을 내야 해."

물어뜯는 입을 가지지 못한 배추나비고치벌의 애벌레들이 번갈아 입으로 빨아서 구멍을 내는 것이었습니다.

어느새, 꿈틀이의 배 아래쪽에 구멍이 하나 뚫립니다.

배 옆쪽이 뚫리는 아픈 배추벌레도 있습니다.

배추나비고치벌의 애벌레들은 등 쪽에는 절대로 구멍을 뚫지 않았습니다.

두 개의 몸마디가 연결되는 부위에만 구멍을 만듭니다.

그 부분이 가장 연하여 배추나비고치벌의 애벌레들이 찢기 쉬우니까요.

구멍이 나자, 배추나비고치벌의 애벌레들이 꿈틀이의 몸속에서 차례로 나와 기어오릅니다.

꿈틀이는 말할 힘조차 모두 잃어 갑니다.

"하얀날개야, 그동안 고마웠어. 이젠 안녕."

이제 꿈틀이는 거의 움직이지 못합니다.

배추나비고치벌의 애벌레가 모두 밖으로 나오자, 몸에 뚫린 구멍은 곧 아물어 버렸습니다.

피도 번져 나오지 않았습니다.

불쌍한 꿈틀이는 피를 거의 다 빨려 버린 것이었습니다.

토해 내세 토해 내세

노란 실을 토해 내세

이제 배추나비고치벌의 애벌레들이 고치를 만들기 시작합니다.

 머리를 힘차게 뒤로 젖히고 입에서 노란 실을 토해 냅니다.

 처음에는 배추벌레가 친 하얀 실에 붙입니다.

붙여 보세 붙여 보세

고치집을 만들어 보세

이번엔 친구들이 짠 것에 붙여 갑니다. 서로가 만든 것을 붙여 하나의 덩어리로 만듭니다.

덩어리 속에는 각각 애벌레의 방이 있습니다.

처음에 만든 것은 진짜 고치가 아닙니다.

그것은 작은 방을 만들기 위한 엉성한 뼈대일 뿐이지요.

"이번엔 각자 자기의 방을 만들자."

배추나비고치벌의 애벌레들은 고치 덩어리 속에서 자신의 작은 방을 만듭니다.
결이 곱고 예쁜 비단 고치였습니다.
하얀날개는 배추나비고치벌의 고치 덩어리를 보면서 몸서리쳤습니다.
2주 후면 고치 덩어리에서 배추나비고치벌이 태어나, 또 다른 배추벌레들에게 침을 찌르겠지요.

"그래, 꿈틀이를 생각해서라도 꼭 나비가 될 테야."

하얀날개는 굳은 결심을 하고는 하늘을 바라보았습니다.

나비가 될 생각을 하니 왠지 가슴이 두근거리고, 여러 번 허물을 벗을 때마다 느꼈던 감정이 되살아납니다.

"왜, 이렇게 기분이 이상하지?"

이번엔 좀 다른 기분입니다. 어딘가로 떠나고 싶다는 생각이 들기도 합니다. 하얀날개는 이리저리 움직입니다.

건강한 5령의 친구들도 마찬가지인가 봅니다.

우왕좌왕합니다.

"그래, 번데기가 되는 거야."
하얀날개는 이제 번데기가 될 때라는 것을 느낍니다. 이번에는 양배추 위를 이리저리 기어다니다가 눈에 잘 띄지 않는 곳으로 갔습니다.

기둥과 잎이 이어지는 구석진 곳입니다.

하얀 날개는 잎사귀에 찰싹 붙어 실을 토하기 시작했습니다.

하얀 비단 같은 얇은 천을 짭니다.

꿈틀이가 했듯이 번데기가 될 때 깔기 위한 것이지요.

"몸을 고정시켜야 해."

하얀날개는 양배추의 잎사귀에 꼬리 끝을 단단히 붙였습니다.

몸의 안쪽은 강한 실로 안전띠처럼 묶습니다.

이렇게 하여 세 개의 점으로 몸을 고정시켰습니다.

하얀날개는 한동안 가만히 있습니다.

"아, 이제 번데기가 되는구나."

하얀날개는 몸을 고정하고 하루를 그대로 있었습니다.

다음 날입니다.

드디어 등가죽이 터지자, 하얀날개는 낡은 옷을 벗어 버렸습니다.

하얀날개는 이제 자기 몸을 지킬 고치를 만들지 않아도 됩니다.

바깥바람을 직접 쐬게 되지만 괜찮았습니다.

우리는

배추벌레 옷을 벗은 번데기라네

나무 기둥에서는 나무색 번데기

자세히 보지 않으면 찾을 수 없지

우리는

큰배추흰나비가 될 번데기라네

녹색 잎에서는 녹색 번데기

아무도 우리를 찾을 수 없지

하얀날개는 양배추의 잎을 닮은 녹색 번데기가 되었습니다.

친구들도 여기저기에 자리를 잡아 번데기가 되었습니다.

가을에 번데기가 된 큰배추흰나비는 번데기 상태로 겨울을 납니다.

가을에는 주로 나무 그루터기나 볏짚, 마른 풀잎 등에 자리를 잡습니다.

그래서 가을 번데기는 마른 풀잎이나 단풍잎 색깔을 닮는답니다.

나는야

배추벌레 옷을 벗은 번데기를

알고 있다네

나무 기둥에서는 나무색 번데기

자세히 보면 찾을 수 있지

나는야

배추흰나비가 될 번데기를 알고 있다네

녹색 잎에서는 녹색 번데기

사냥꾼 벌에게는 문제가 아니지

배추벌레살이금좀벌들이 노래를 부르며 날아왔습니다.

배추벌레살이금좀벌들은 이제 막 번데기가 된 커다란 배추벌레와 새 번데기에 알을 낳습니다.

"흐흐흐, 부드러운 번데기들아. 거기 있니?"

배추벌레살이금좀벌이 다가올 때마다 부드러운 번데기들은 몸을 움츠렸습니다.

그러나 도망칠 수도 없습니다.

그저 들키지 않기를 바랄 뿐입니다.

"어? 미안해요."

작은 배추벌레가 하얀날개를 건드렸습니다.

하얀날개는 몸을 좌우로 흔들었습니다.

경고하기 위해서 몸을 흔드는 것입니다.

"난 또, 무서운 벌인 줄 알았잖아."

하얀날개는 한숨을 '후우' 하고 쉬었습니다.

그러는 사이에 여러 친구들이 배추벌레살이금좀벌에게 또 당했습니다.

어서어서 자라라

배추벌레살이금좀벌과는 아는 척도 마

하얀날개는 숨을 죽이고 엄마의 말을 떠올려 보았습니다.

애벌레에서 번데기로, 그다음은?

하얀날개의 몸은 딱딱하게 변해 갔습니다.

애벌레 모습과 전혀 다르게 딱딱하고 털이 없어졌습니다.

입 쪽과 배 부분이 뾰족하고 가운데 부분은 불룩합니다.

번데기 속에 나비가 들어 있는 모양입니다.
'엄마, 나도 엄마처럼 나비가
될 수 있을까요?'
하얀날개는 생각
했습니다.

이제 번데기인 하얀날개는 먹지도 움직이지도 않았습니다.

그렇다고 죽은 것은 아니었습니다.

"이제 나비로 자라는 거야."

하얀날개는 번데기 속에서도 나비로 성장하기 위해 자라고 있었습니다.

몸집이 커지지만 번데기의 크기에는 변화가 없습니다.

하얀날개가 번데기가 된 지 어느덧 일주일이 지났습니다.

"와, 검은 점이다."

하얀날개는 너무나 기뻤습니다.

날개 부분에 검은 점이 나타나면 얼마 후에 탈바꿈이 이루어지기 때문이었습니다.

하얀날개는 계속해서 자랍니다.

어느덧, 며칠이 또 훌쩍 지났습니다.

이제 하얀날개의 날개 부분에 세 개의 검은 점이 뚜렷이 나타납니다.

이는 곧 나비로 태어나게 됨을 알려 주는 표시임이 분명했습니다.

이른 아침이었습니다.

하얀날개는 드디어 '우화'하기 시작합니다.

위에서부터 차츰 껍질을 벗고 서서히 밖으로 나왔습니다.

나비가 된 하얀날개의 날개는 쭈글쭈글 마구 구겨져 있었습니다.

하얀날개는 자신의 체액을 날개로 보냈습니다.

그러고는 서서히 날개를 펼쳤습니다.

"아, 드디어 나비가 되었구나."

하얀날개는 기뻐서 날아갈 것만 같았습니다.

그러나 날기에는 아직 이릅니다.

젖어 있는 몸과 날개를 말려야 하기 때문입니다.

햇빛과 부드러운
바람이 하얀날개의
몸과 날개를 스쳤습니다.
　하얀날개는 한동안 그대로 있었습니다.
　어느새, 몸과 날개가 보송보송하게 말랐습니다.

"날개를 움직여 볼까."

하얀날개는 첫 비행을 하기 전에 날개를 움직여 봅니다. 몸속에 남아 있는 체액이나 수분도 배출합니다.

하얀날개는 드디어 날개를 펼쳤습니다. 앞날개 끝에는 검은 무늬가 비스듬히 그려져 있었습니다.

아래쪽으로 검은 점무늬 여러 개가 아름답게 수놓여 있었지요.

날개를 편 몸길이가 65밀리미터나 되었습니다. 머리에는 더듬이와 겹눈, 입 등이 달려 있었고 앞다리, 가운데 다리, 뒷다리 등이 몸에 붙어 있었지요. 완전한 나비의 모습이었습니다.

"나는 거야, 높이 날아 보는 거야."

하얀날개는 천천히 날개를 움직여 떠올라 보았습니다.

아래로 녹색으로 길게 뻗은 양배추밭이 보였습니다.

"아, 배고파. 꽃은 어디에 있는 거지?"

하얀날개는 주위를 둘러보았습니다.

양배추밭 옆으로 작은 둔덕이 보였습니다.
"그래, 저기에 꽃이 있을 거야."
하얀날개는 날개를 움직여 둔덕으로 날아갔습니다.
둔덕에는 살구나무가 무리 지어 자라고 있었습니다.

"넌, 누구니?"

갑자기 알록달록한 녀석이 하얀날개의 앞을 가로막았습니다.

그 녀석의 날개는 아름다운 오렌지색입니다.

"나? 나는 하얀날개야."

"오라, 큰배추흰나비로구나. 나는 애기공작나방이란다."

"나방이라구? 나방은 밤에만 다닌다던데……."

"왜, 못 믿는다 이거지?"

하얀날개가 고개를 갸웃거리자 애기공작나방이 화가 난 모양입니다.

"내 얘기 좀 들어 보라구. 내가 진짜 나방인가 아닌가."

애기공작나방은 하얀날개의 대답을 듣지도 않고 이야기를 시작했습니다.

"우선 나비는 낮에 날아다니지. 나방은 밤에 활동을 하고. 물론 나처럼 낮에 다니는 나방도 있어. 삼지무늬나방, 금무늬나방, 그리고 동남아시아에 가면 눈이 번쩍 뜨일 만큼 아름다운 나방도 낮에 다닌대. 또 아프리카 동남쪽에 있는 큰 섬인 마다가스카르에서는 비단큰제비나방도 낮에 돌아다녀. 그러니 나를 이상하게 생각 말라구. 봐. 네 더듬이는 나무 막대 같지. 그런데 내 더듬이는 빗살 모양이잖아. 나비와 나방의 더듬이 차이를

알겠지? 또 있어. 나비의 몸체는 가늘지만 나방은 통통해. 그리고 나방에게는 앞날개와 뒷날개를 연결하는 연결기가 있어. 나비는 물론 없지. 그렇지만 말이야, 더듬이나 몸체, 연결기도

내가 낮에 다니는 것처럼 반드시 법칙대로는 아닌가 봐. 사람들이 구분하려고 머리를 쓰는 모양인데, 반드시 딱 맞아떨어지지는 않거든."

애기공작나방이 날개를 파닥이며 말했습니다.

"그래? 그런데 사람들은 우리에게 관심이 많은가 보지?"

하얀날개는 신기한 듯 눈을 반짝이며 귀를 기울였습니다.

"물론이야. 우리를 부르는 이름도 가지가지거든. 영어에서

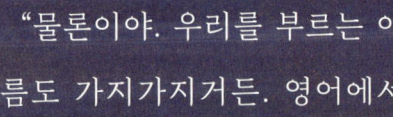

는 나비를 '버터플라이', 나방을 '모스'로 구별한대. 하지만 이곳 프랑스는 나방도, 나비도 모두 '빠삐용'이라고 불러. 이 '빠삐용'은 프랑스어의 선조격인 라틴어의 '파필리오'에서 온 거야. 필리핀에서는 '파로파로', 인도네시아에서는 '쿠프쿠프', 이탈리아에서는 '파르팍파라'라고 하지. 그리고 사람들은 고대 그리스 시대, 또는 더 옛날부터 우리들을 인간의 혼이라고 믿어 왔대. 밤에 화톳불이나 촛불에 이끌려 나방이 불 속으로 뛰어들어 타 죽는 것을 보고 사람들은 이상하게 여겼어. 우리 나방이 자살하는 거라고 생각했지. 그리고 더 젊게 되살아나기 위해 죽는 것이라고 생각했대. 나비와 나방은 사람들에게 '죽음과 재생'의 상징

이 되었지. 불멸의 혼으로 영원히 맺어지게 된 거야. 그래서 그리스에서는 나비와 나방을 '프시케(혼)'라고 불렀대."

애기공작나방은 머리를 한껏 치켜들며 이야기를 마쳤습니다.

"자, 다음에 또 보자구. 난 암컷을 찾으러 가는 중이었거든."

애기공작나방은 날개를 흔들며 서서히 멀어져 갔습니다.

"암컷이라구?"

하얀날개는 잠시 생각에 잠겼습니다.

그러나 이내 배가 고파 왔습니다.

얼마 전까지도 양배추의 잎사귀를 먹으며 자랐습니다.

그러나 이제는 꽃을 찾아야 합니다.

팔랑 팔랑 나비
양배추밭에 앉았니?

아니 아니
하얗고 노란 꽃잎에 앉았지

하얀날개는 날개를 펼쳐 비행을 하며 주위를 두리번거렸습니다.
향기롭고 달콤한 냄새가 하얀날개를 이끌었습니다.
노란 유채꽃이었습니다.
큰배추흰나비는 꽃잎이 넓은 흰 꽃이나 노란 꽃을 좋아합니다.

유채꽃, 배추꽃, 무꽃 등이 여기에 속한답니다.

하얀날개는 살포시 꽃잎에 앉았습니다.

안쪽으로 감겨 있던 빨대처럼 생긴 입을 쭉 펴서 꽃의 꿀샘으로 집어넣었습니다.

꿀을 쭉 빨아들였습니다.

"아, 달콤해."

하얀날개는 행복했습니다.

한편 수풀 쪽에서 하얀날개를 향해 살금살금 기어오는 녀석이 있었습니다.

맑은 초록빛 겹눈을 굴리며 조금씩 조금씩 다가오고 있었습니다.

"어서 피해!"

어디서 나타났는지, 큰배추흰나비가 하얀날개 앞으로 불쑥 나타나서 다급하게 외쳤습니다.

하얀날개는 깜짝 놀라 자기도 모르게 휙 날아올랐습니다.

사마귀의 앞다리가 하얀날개의 뒷날개를 살짝 스쳤습니다.

"에이, 분하다."

사마귀는 침을 삼키며 큰배추흰나비를 노려보았습니다.

그러고는 수풀 쪽으로 사라졌습니다.

"야, 그렇게 정신을 놓고 있으면 어떡해?
숲에는 항상 우리를 노리는 놈들이
있다는 걸 몰라?"

큰배추흰나비는 숨을 몰아쉬며 하얀날개를 나무랐습니다.

하얀날개는 무안하고 놀라서 얼굴을 들지 못했

습니다.

땅을 내려다보니 찢어진 날개가 떨어져 있었습니다.

어떤 나비가 사마귀에게 당했던 모양입니다.

"잊지 마, 우리를 노리는 녀석이 많다는 걸. 새나 거미도 조심해야 할 거야."

"알았어."

"또 있어. 파리매, 쌍살벌 등 우리를 노리는 녀석은 이 숲속에 얼마든지 깔려 있다구."

"알았다구."

하얀날개는 모기만 한 목소리로 대답했습니다.

"우리 나비들에게는 상대방을 공격할 무기가 없다는 걸 잊지 마."

큰배추흰나비는 하얀날개를 보며 낮은 목소리로 속삭였습니다.

그러고는 뒤도 돌아보지 않고 습지가 있는 곳으로 휠휠 날아갔습니다.

그 큰배추흰나비의 날개는 하얀날개보다 밝은 우윳빛이고 검은 무늬는 옅었습니다.
"수컷 나비구나."
하얀날개는 큰배추흰나비가 날아간 곳을 바라보며 중얼거렸습니다.

다음 날입니다.

"새를 피하려면 연습을 해야 해."

하얀날개는 몸을 거꾸로 세워 공중회전을 해 봅니다.

"알을 낳기 전에는 절대 죽을 수가 없어."

하얀날개는 잠시 거꾸로 날아 보기도 합니다.

나비의 몸은 날개 크기에 비해 아주 가볍습니다. 그래서 공기가 조금만 움직여도 영향을 크게 받지요.

하얀날개는 바람을 따라 팔랑거리며 날아 방향을 마음대로 바꿔 보았습니다.
어렵지 않았습니다.
이렇게 하면 새에게 쉽게 잡아먹히지는 않을 것입니다.

아침인데도 들판은 어두컴컴하고, 비가 오려는지 흐리고 구름이 잔뜩 낀 날씨입니다.
"내가 자꾸 왜 그러지?"
하얀날개는 보통 때와는 달리 괜히 가슴이 두근거렸습니다.
꽃의 꿀을 빨면서도 달콤한지 몰랐습니다.
그때였습니다.
어디서 왔는지, 큰배추흰나비 수컷이 하얀날개에게 다가왔습니다.

큰배추흰나비는 하얀날개 주위를 빙빙 돌기 시작합니다.
짝짓기를 하자는 신호입니다.
"싫어."
하얀날개는 짝짓기를 하고 싶지 않았습니다. 날개를 펴고 꼬리를 높이 치켜들었습니다.
큰배추흰나비는 하얀날개 주위를 몇 바퀴 더 돌았습니다. 그러나 하얀날개가 여전히 꼬리를 치켜들자, 힘없이 왔던 곳으로 돌아갔습니다.

하얀날개는 자꾸만 주위를 두리번거립니다.
여전히 가슴은 답답하기만 합니다.
"안녕? 또 만났네."
어디선지 불쑥 큰배추흰나비가 나타났습니다.
전에 하얀날개를 사마귀에게서 구해 준 수컷이었습니다.
큰배추흰나비 수컷은 하얀날개 주위를 빙빙 돕니다. 짝짓기를 하자는 신호입니다.
"……."
하얀날개는 날개를 펴지도 꼬리를 높이 치켜들지도 않았습니다. 수컷과 가만히 몸을 맞대고 있었습니다.

다음 날입니다.

하얀날개는 오랜만에 양배추밭을 향해 날았습니다.

자신이 알에서 애벌레로, 번데기로 지냈던 곳입니다.

이제, 하얀날개는 자기를 낳아 주었던 엄마처럼

알을 낳기 위해 이곳으로 돌아왔습니다.

　양배추밭에는 양배추가 넓게 퍼져 자라고 있었습니다.

　하얀날개는 양배추를 향해 힘껏 날개를 움직였습니다.

크고 맛있는 양배추

아기들이 좋아한다네

크고 도톰한 양배추

아기들을 자라게 한다네

크고 잎 많은 양배추

튼튼한 아기로 만들어 준다네

파브르 할아버지와 손녀 루시는 멀어져 가는 하얀날개를 향해 응원의 날갯짓을 보냈습니다.

하얀날개가 알에서 나와 멋진 나비로 자라기까지 겪은 일들을 모두 지켜본 할아버지와 루시는, 앞으로 세상에 나올 하얀날개의 아기들도 무사히 잘 자라났으면 좋겠다고 생각했습니다.

그러곤 다음으로 만날 곤충들의 세상을 기대하며 날개를 활짝 폈습니다.

다음 이야기에서 파브르는
손녀 루시와 송장벌레 여행을 떠납니다.

배추벌레는 무엇을 먹고 자랄까요?

배추흰나비는 흰나빗과의 하나입니다. 몸의 길이는 3센티미터 정도이며, 녹색에 잔털이 나 있습니다. 날개는 흰색으로, 앞날개의 끝은 검은색이고 앞날개에 두 개, 뒷날개에 한 개의 검은 무늬가 있습니다. 암컷은 날개에 누런빛이 섞여 있고 검은 무늬는 더 분명합니다. 애벌레는 '배추벌레'라고 하는데 몸의 색깔은 녹색이며 잔털이 빽빽하게 나 있습니다. 이 배추벌레는 무, 배추 따위의 십자화과 식물의 해충입니다. 잎맥(물과 양분이 지나가는 통로)만 남기고 모두 먹어 버리기 때문입니다. 특히 봄과 가을에 그 피해가 큽니다. 나비가 되어 날아다닐 때는 사람들에게 즐거움을 주는 아름다운 곤충이지만, 애벌레일 때에는 해충이라 미움을 받는답니다.

장 앙리 파브르 Jean Henri Fabre
일생을 바치다

　장 앙리 파브르는 평생을 곤충과 함께 살며 실험과 연구를 한 곤충학자입니다. 1823년 12월 남프랑스 레옹에서 가난한 농부의 아들로 태어났으며, 집안이 매우 어려워 네 살 때부터 할아버지 댁에 맡겨져 자랐습니다. 1839년 아비뇽 사범학교에 입학, 졸업 후에는 카루판트라스 초등학교 교사를 지냈으며, 1849년 코르시카 중학교의 물리 교사가 되었습니다. 이때 식물 채집을 하러 온 툴루즈 대학의 식물학자 탕드레 교수를 알게 되었고, 그 영향으로 생물학을 공부하게 되었습니다.

그 후, 곤충학자인 레옹 뒤푸르의 논문을 읽고 곤충의 생태 연구에 일생을 바치기로 결심했습니다. 1871년 학교를 그만둔 파브르는 어린이를 위한 과학 이야기를 썼으며, 1879년 '곤충기'를 쓰기 시작하여 30년 만인 1909년에 10권을 완성했습니다.

　《파브르 곤충기》는 세계 자연과학계에서 그 전례를 찾아볼 수 없는 위대한 기록물로, 살아 있는 곤충에 대한 관찰과 실험, 연구를 통해 곤충의 세계를 관찰한 대기록입니다. 곤충이 어떻게 집을 짓고, 어떻게 새끼를 치고, 어떻게 살아가는지 등의 생태를 아주 상세하게 그리고 있습니다.

　이 작품은 1915년 파브르가 세상을 떠날 때까지 열정적으로 연구했던 신비로운 곤충의 세계를 통해, 컴퓨터 백과사전이 발달한 현대 사회에서도 여전히 우리에게 새로운 지식과

흥미의 세계를 열어 주고 있습니다.

파브르 곤충기가 귀중한 것은 단순히 그것이 전해주는 정보와 지식 때문만은 아닙니다. 세상을 바라보는 발상의 전환, 창의적인 시선, 독창적인 세계관을 갖게 해 주는 파브르 곤충기는 어린이와 어른 모두가 평생을 곁에 두어야 할 자연과학의 클래식입니다.

여러분은 파브르와 함께 우리 주변의 흔한 곤충을 다시 새롭게 바라보고, 생물 관찰을 통한 깊이 있는 사고를 통해 자연의 의미를 되새기는 인문학적 교양을 넓힐 것입니다. 또한 생명에 대한 철학적이고도 비판적인 질문하기를 통해, 우리가 자연 속의 생명체와 더불어 숨 쉬고 있는 존재임을 깨닫게 되길 바랍니다.